BEI GRIN MACHT SICH IHR WISSEN BEZAHLT

Martin Denzel

Mobile Health - Mobile Telemedizin

GRIN Verlag

Bibliografische Information der Deutschen Nationalbibliothek:

Die Deutsche Bibliothek verzeichnet diese Publikation in der Deutschen National-
bibliografie; detaillierte bibliografische Daten sind im Internet über http://dnb.d-
nb.de/ abrufbar.

Impressum:

Copyright © 2005 GRIN Verlag GmbH
Druck und Bindung: Books on Demand GmbH, Norderstedt Germany
ISBN: 978-3-640-11245-6

Dieses Buch bei GRIN:

http://www.grin.com/de/e-book/109658/mobile-health-mobile-telemedizin

GRIN - Your knowledge has value

Der GRIN Verlag publiziert seit 1998 wissenschaftliche Arbeiten von Studenten, Hochschullehrern und anderen Akademikern als eBook und gedrucktes Buch. Die Verlagswebsite www.grin.com ist die ideale Plattform zur Veröffentlichung von Hausarbeiten, Abschlussarbeiten, wissenschaftlichen Aufsätzen, Dissertationen und Fachbüchern.

Besuchen Sie uns im Internet:

http://www.grin.com/

http://www.facebook.com/grincom

http://www.twitter.com/grin_com

Mobile Health – Mobile Telemedizin

Martin Denzel

LFE Medieninformatik
Ludwig-Maximilians-Universität München
Amalienstr. 17, 80333 München, Germany
denzel@informatik.uni-muenchen.de

Zusammenfassung Diese Arbeit beschäftigt sich hauptsächlich mit Geräten, die unter dem Begriff „Mobile Health" einzuordnen sind. Zuerst wird eine Definition dieses Begriffs gegeben bzw. versucht das Thema abzugrenzen. Danach wird auf bestimmte Geräte und Technologien näher eingegangen und an diesen, auch exemplarisch für andere oder ähnliche Produkte, werden Funktionsweisen und Eigenschaften aufgezeigt. Insbesondere wird dadurch ein Überblick über bereits existierende und eingesetzte Geräte gegeben sowie ein Einblick in Forschungsarbeit und zukünftige Erfindungen ermöglicht. Zusätzlich werden wichtige damit verbundene Aspekte behandelt. Hauptaugenmerk liegt hier auf den Stichworten Sicherheit, Datenschutz und Benutzerfreundlichkeit.

1 Einleitung

Wenn man von „Mobile Health" spricht und nach einer Definition sucht, stellt man schnell fest, dass man mit der wörtlichen Übersetzung irregeleitet werden kann. „Mobile Gesundheit" zielt eher auf elektromagnetische Strahlung und die gesundheitsgefährdenden Nebenwirkungen des Vieltelefonierens ab. Obwohl auch dies ein nicht zu vernachlässigender Bereich ist, soll in dieser Arbeit die `positive` Seite von „Mobile Health" betrachtet werden. Nämlich diejenige Seite, bei der sich die Medizin mit den neuesten Informations- und Kommunikationstechnologien verbindet, um gemeinsam nach Lösungen zu suchen, die unser Gesundheitssystem weiter verbessern.

Dabei konzentriert sich „Mobile Health" - auch als „mobile Telemedizin" bezeichnet – in erster Linie auf mobile Endgeräte, mit denen medizinische Daten und Befunde über große Entfernungen elektronisch ausgetauscht und versendet werden können. Das erste Mal in der Geschichte der USA gab es dieses Prinzip in der Raumfahrt. Mitte der 60er Jahre benutzte die *National Aeronautics and Space Administration* (NASA) medizinische Telemetrieprogramme, um die physiologischen Funktionen der Astronauten zu überprüfen und zur Erde zu schicken. In erster Linie wurde zu dieser Zeit die Technologie des Fernsehens (TV) eingesetzt. 1964 startete das erste interaktive TV-Telemedizinprojekt, das mittels einer geschlossenen TV-Verbindung zwischen der Psychiatrie in Nebraska und einer Klinik in Norfolk eine medizinische Betreuung ermöglichte. Aufgrund des immensen Aufwandes und der fehlenden finanziellen Rentabilität wurden Projekte solcher Art allerdings Anfang der 70er Jahre wieder eingestellt. Erst das Aufkommen von digitaler Kommunikationstechnik und die stark kritisierte medizinische Betreuung bescherten einen entsprechenden Anstieg der Forschungsarbeit in den frühen 90er Jahren. Zusammen mit der Entwicklung neuer Technologien in der Mobilkommunikation wie Infrarot, UMTS und Bluetooth wurde der Bereich der mobilen Telemedizin zu einem Wachstumsmarkt und wird dies voraussichtlich in Zukunft auch bleiben. [1]

Die Probleme der Industrienationen im Gesundheitswesen könnten durch ausgereifte Technik teilweise gelöst werden. Durch einerseits seit Jahren sinkende Geburtenraten und andererseits ständig weiterentwickelten lebensverlängernden Maßnahmen hat sich eine problematische demographische Entwicklung in der Bevölkerung abgezeichnet. Erhöhte Gesundheitskosten sind die Folge, die das Bedürfnis nach einer Verbesserung der Qualität bei der medizinischen Betreuung kaum mehr erfüllen können, zumindest nicht ohne eine neue Herangehensweise. Mobile Health versucht genau dort anzusetzen. Das Älterwerden der Gesellschaft bedeutet gleichzeitig einen erheblichen Anstieg chronisch kranker Menschen, welche regelmäßig zu Untersuchungen aufgrund Bluthochdruck, Asthma oder beispielsweise Diabetes müssen. Durch entsprechende medizinische mobile Endgeräte entfallen teure stationäre Untersuchungen. Der Gesundheitscheck kann dann via Mobiltelefon vorgenommen und an den behandelnden Arzt geschickt werden. Auch bei längeren Aufenthalten im Krankenhaus, z.B. nach einer Operation, ist es möglich durch mobile Überwachungsgeräte die Nachsorgezeit zu verkürzen. Meist ist das ganz im Sinne des Patienten, denn er kann viel früher wieder in seine gewohnte Umgebung zurückkehren und gibt Kapazitäten für andere frei. Der Zeitgewinn auf Seiten der Ärzteschaft und des Pflegepersonals kann für eine qualitativ hochwertigere medizinische Betreuung investiert werden. Dank den Techniken des Mobilfunks ist ein verbesserter Informationsaustausch zwischen Kliniken und Arztpraxen möglich. Schnell kann bei Unklarheit die Meinung eines Kollegen eingeholt werden, z.B. durch fotografieren und verschicken eines Röntgenbildes per Fotohandy.[2]

Die zweite große Zielgruppe sind ältere Menschen, die nicht mehr selbstständig ihren Alltag bestreiten können und in Pflege- und Altenheimen versorgt werden müssen. Da die Kapazitäten dort aber nicht unbegrenzt sind und die Preise erheblich sind, könnte man von Luxus sprechen, wenn man sich einen Pflegeplatz leisten kann. Ob die Betreuung so luxuriös ist oder den hohen Preisen angemessen ist, ist fraglich. Immer größerer Sparzwang lässt die Pflege auf ein Mindestmaß sinken und stellt in der Regel lediglich eine Grundversorgung dar, wobei manchmal nicht einmal diese garantiert ist. [3]

Dabei sind es oft nur Kleinigkeiten, die älteren Menschen nicht mehr erlauben alleine zu wohnen. Mit kleinen intelligenten Helfern können einige Menschen ihren Lebensabend in ihrer gewohnten Umgebung verbringen. Eventuell gepaart mit einem Tele-Pflegesystem, das den regelmäßigen Kontakt per Bildschirm mit einem Pfleger herstellt, wäre eine kostengünstigere und zufriedenstellendere Lösung für das Alter. Wie einige solcher Geräte aussehen und funktionieren wird im nächsten Kapitel behandelt, wobei für die beiden angesprochenen Zielgruppen Abschnitt 2.1 und 2.5 besonders interessant sind.

2 Mobile Endgeräte

Nun werden einige Produkte und deren Funktionsweisen vorgestellt. Hierbei kann es sich natürlich nicht um eine vollständige Auswahl an Geräten handeln. In der Regel gibt es von einem Gerätetyp zahlreiche Varianten, die sich meist in kleineren Details unterscheiden und dennoch nach dem gleichen Grundprinzip funktionieren. Vielmehr vermittelt diese Auswahl einen Überblick über einzelne Forschungsgebiete und bereits Realität gewordene Technologien.

2.1 Sensor Mobile SM 100

Dieses Produkt wurde von der Firma TMS – Telemedizinische Systeme GMBH – entwickelt und ist bereits seit November 2002 nach dem Medizinproduktgesetz zertifiziert und zugelassen. Es gehört zu der Gruppe der sogenannten Tele–EKG-Geräte, welche sich dadurch auszeichnen, dass sie Elektrokardiologische Diagramme (EKG) aufzeichnen und diese unmittelbar an eine Vermittlungsstelle oder an den Arzt selbst übermitteln können. In dieser Art läuft die Übertragung auch beim „Sensor Mobile" ab. Der Patient zeichnet selbstständig ein oder mehrere EKGs auf, sendet die Daten zu einer Empfangszentrale und wartet auf eine Rückmeldung, die ihm signalisiert, dass die Übertragung erfolgreich war. Als übermittelndes Gerät kann er dabei entweder ein Mobil- oder ein Festnetztelefon verwenden, das per Infrarot oder per akustischer Übertragung die Daten aus dem „Sensor Mobile" empfängt und an eine zentrale Stelle verschickt. Bei der Übertragung per Infrarot auf das Handy wird die Nummer der Auswertzentrale automatisch von dem Mobiltelefon angewählt. Diese Auswertzentrale muss rund um die Uhr verfügbar sein und wird als Dienstleistung von der oben genannten Firma angeboten. In einem Art Callcenter werten Fachleute die eingehenden Daten aus und verschicken nach einer Visualisierung z.B. ins PDF – Format die EKGs als Emails und per Fax an die behandelnden Ärzte. Als zusätzlicher Service werden die Daten parallel an das kardiologische Zentrum der Charitè Berlin geschickt, um dessen Befund als Zweitmeinung im EKG zu vermerken. Bei Auffälligkeiten und notwendiger medizinischer Hilfe wird der Patient vom Arzt verständigt und kann sich behandeln lassen. [4]

Abbildung 1. „Sensor Mobile SM 100" ist ein Tele-EKG-Gerät von der Firma TMS. Quelle: [5]

Doch auch wenn die Übertragung fehlerfrei funktioniert und letztendlich das richtige EKG den richtigen Arzt erreicht, muss man sich fragen, ob nicht durch den Patienten Fehler gemacht werden können, welche die Diagnose entscheidend beeinflussen könnten. Der Hersteller versucht dies offensichtlich durch eindeutiges Design und durch minimalen Einsatz von Bedienelementen zu erreichen. Wie auf Abbildung 1 zu erkennen ist besitzt das kreditkartengroße Gerät lediglich zwei Knöpfe. Mit „Record" werden vier Dioden auf der Rückseite des Gerätes aktiviert und mittels Druck an die Patientenbrust zur Aufnahme der Herztöne benutzt. Der „Sensor Mobile" führt hierbei akustisch durch den Messvorgang. Eine Melodie versüßt die ca. 30-sekündige Messzeit und signalisiert mit einem kurzen Piepton das erfolgreiche Ende. Andere Fehlermeldungen wie z.b. bei vollem Speicher, leerer Batterie oder wenn ein fehlerhaftes EKG aufgenommen wurde, werden mit verschiedenen Tönen und unterschiedlichen Warnsignalen deutlich gemacht. Auch beim Verschicken durch den Knopf „Send" weiß der Patient anhand der Akustik, ob alles ordnungsgemäß abläuft. So wird verhindert, dass Messungen zu falschen Befunden führen oder Ärzte mit unbrauchbarem Material überhäuft werden, wie es vielleicht durch ein Abrutschen während der Messung oder durch eine zu kurze Messung möglich wäre. [6]

Auch in Zukunft ist mit einem Anstieg in Forschung, Entwicklung und Vertrieb von dieser Art von Geräten zu rechnen, denn die Herz-Kreislauf-Erkrankungen insbesondere in den Industrieländern ist immens hoch. Ca. 54 Prozent aller Todesfälle in den Industriestaaten haben ihre Begründung in einer Herz-Kreislauf-Erkrankung. [7]

Der Trend wird weiter steigen, denn Umweltbelastung, Bewegungsarmut und einseitige Ernährung haben in den letzten Jahrzehnten stark zugenommen. Besonders heimtückisch sind nicht erkannte oder falsch behandelte Herzrhythmusstörungen, da sie im schlimmsten Fall zu plötzlichem Herztod oder sonstigen gefährlichen Herzkrankheiten führen können. Weil die Störungen aber teilweise monatelang nicht und dann sehr plötzlich auftauchen, ist es purer Zufall gerade dann beim Arzt zu sein und die Möglichkeit auf ein EKG zu haben. Und genau an diesem Punkt setzen Tele-EKG-Geräte an. Mit ihnen ist es möglich, dass Patienten innerhalb weniger Sekunden ein EKG machen können und zwar dann, wenn die Herzrhythmusstörung aktuell ist. Insbesondere eine längere Echtzeitüberwachung, oft in Form von Rehabilitation und Nachsorgebehandlung, die ansonsten nur im Krankenhaus möglich wäre, kann mühelos während der Arbeit oder dem Sport absolviert werden. Laut den Ärzten in der Berliner Charité hat sich durch diese Eigenschaften solcher Geräte die Treffsicherheit der Diagnose von 50 auf 85 Prozent erhöht.

Ein weiterer Vorteil ist die mentale Stärkung des Patienten. Wer zuhause über Herzrasen und Atemnot klagt und beim Arzt jedes Mal Gesundheit attestiert bekommt, beginnt an manchem zu zweifeln. Der ständige Begleiter vermittelt Sicherheit und verspricht genau dann zu messen wenn es notwendig ist. Andererseits könnte es trügerisch sein und man könnte denken ein Arztbesuch wäre nicht mehr nötig.

2.2 Lifepak 12

Der „Lifepak 12" wurde von der Firma Medtronic Inc. mit Firmensitz in Minneapolis entwickelt. Nach seiner Hauptfunktion ist er in die Gerätegruppen der Defibrillatoren einzuordnen, kann jedoch weit mehr als das und bezeichnet sich selbst als ein Defibrillator-Monitor-System. Er besitzt dabei therapeutische und diagnostische Funktionen und ist für Anwender im klinischen sowie im präklinischen Bereich gedacht. Neben allen Arten der Defibrillation reichen seine Fähigkeiten von einer Schrittmacherfunktion über zahlreiche Überwachungsfunktionen der Vitalparameter (z.B. Puls, Blutdruck) bis hin zu einem EKG Analyse-Programm. Außerdem kommt das *Shock Advisory System* (Defibrillationsberatungssystem) zum Einsatz. Dieses ist eine enorme Unterstützung für die Einsatzkräfte, da sie fast ganz automatisch durch den gesamten Defibrillationsprozess geführt werden und sich in einer extremen Stresssituation nicht mit aufwändig gestalteten Menüführungen auseinandersetzen müssen. Anhand eines Algorithmus und den Ergebnissen des EKG-Analysesystems wird vom Gerät entschieden, ob ein defribillierbarer EKG-Rhythmus vorliegt. [8]

Der Lifepak 12 (Abbildung 2) beschränkt sich dabei nicht auf die oben genannten Fähigkeiten. Er besitzt zahlreiche weitere Funktionen, die in dieser Arbeit allerdings nicht ausführlich behandelt werden können und für das Thema „Mobile Health" nicht relevant sind.

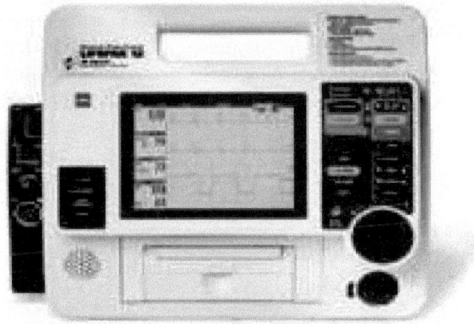

Abbildung 2. Lifepak 12 ist ein Defibrillator-Monitor-System von der Firma Medtronic. Quelle [8]

Viel wichtiger jedoch, zumindest in Bezug auf das Thema dieser Arbeit, ist die besondere Fähigkeit der Datenfernübertragung von Lifepak 12. Die Möglichkeiten sind vielfältig, so können Dateneinträge über ein internes Modem, über ein externes Modem, über ein Funkmodem oder durch eine serielle Direktverbindung übertragen werden. Dadurch ist es möglich, dass in der Klinik mittels den erhaltenen Patienteninformationen bereits Vorbereitungen getroffen werden können, auch wenn der Patient noch weit entfernt ist. Dieser Aspekt macht den Lifepak 12 insbesondere für Rettungsdienste, Feuerwehr und sonstige Hilfsorganisationen seit einigen Jahren zu einem unverzichtbaren Helfer. Bereits seit Ende des Jahres 2001 sind sämtliche Notarztwagen der Berufsfeuerwehr München mit dem intelligenten Gerät ausgestattet. Im Ernstfall wird noch im Notarztwagen das EKG des Herzpatienten per Handy-Datenfunk in die nächste geeignete Klinik übertragen. Dort steht die sogenannte „Lifenet RS-Empfangsstation", welche die Daten des Lifepak 12 empfängt, ausdruckt und automatisch den zuständigen Arzt verständigt. Eine schnelle und reibungslose Weiterbehandlung des Patienten in der Klinik kann hierdurch gewährleistet werden. Dieser Vorteil bei der stets zeitkritischen Behandlung von Herzpatienten kann lebensentscheidend sein. Konnte früher mit der Behandlung erst nach einem aussagekräftigen EKG in der Klinik begonnen werden, beginnt jetzt die Behandlung beim Rettungsteam am Einsatzort. Ein dringend nötiger Umstand, denn jedes Jahr sterben ca. 10500 Menschen allein in Bayern an einem akuten Herzinfarkt, 30 Prozent erreichen nicht einmal das Krankenhaus. Dass im Durchschnitt ca. drei Stunden von Infarkt bis zur Ankunft in der Klinik vergehen, zeigt uns wie wichtig Geräte sind, die sich bereits vor der Krankenhaustür um das Leben der Patienten bemühen. [9]

2.3 RFID - basierte Patientenidentifikation

In einer Kooperation von Siemens Business Services, Siemens Fujitsu Computer und Intel wurden zwei Pilotprojekte gestartet, in denen komplette Krankenstationen auf eine Patientenidentifikation mit Radio Frequency Identification (RFID) umgerüstet wurden. Im Jacobi Medical Center in New York startete das erste Projekt 2004 und ist dort nach einer erfolgreichen Testphase mittlerweile etabliert und dauerhaft installiert. Am Ende des Jahres 2004 bekam Siemens zusammen mit dem Krankenhaus sogar einen Preis in der Kategorie „Best New Advancement in Patient Safety and Disclosures" (Beste Innovation bei Patientensicherheit und vertraulichen Patientendaten).

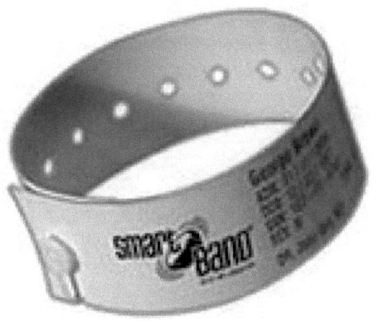

Abbildung 3. RFID - Armband im Jacobi Medical Center. Quelle [10]

Zur Funktionsweise: Alle Patienten bekommen bei ihrer Einlieferung ein Armband (Abbildung 3) und ihre Daten werden in einer elektronischen Akte gespeichert. Jeder Patient bekommt eine Nummer. Diese ist in dem RFID-Chip, der sich in dem Armband befindet, gespeichert. Der Chip sendet selbst nicht, erst auf Anfrage, in diesem Fall von einem synchronisierten kleinen mobilen Computer (Personal Digital Assistant / PDA), wird die Patientennummer preisgegeben. Mit dieser Nummer kann der Arzt, ausgerüstet mit seinem PDA, über ein Wireless Local Area Network (WLAN) die gesamte elektronische Akte abrufen. Die Akte enthält neben sämtlichen Daten zur Person und zur Krankheitsgeschichte auch wichtige Informationen zu Allergien, Medikamentierung und Dosierung. So ist es den Pflegern und Ärzten viel schneller möglich Patienten zu identifizieren und die wichtigen Kriterien wie Verabreichungsart, Zeitpunkt und Dosierung einfach und sicher zu überprüfen. Niemand muss Krankenakten suchen oder die unleserliche Schrift des Oberarztes entschlüsseln. Auch in einem Notfall, wenn der Patient ohne seine Krankenakte angetroffen wird, kann jeder des Pflegepersonals sofort die wichtigen Fakten aus der zentralen Datenbank abrufen.

Doch nicht nur die Ärzte wissen Bescheid. Jeder Patient kann sich an Informationsterminals mittels seines Armbandes ein Bild über seinen eigenen Gesundheitszustand machen. Dazu gehören auch voraussichtliche Entlassungszeiten sowie klassische Werte wie erhaltene Medikamente, Blutdruck und Gewicht. Außerdem kann man selbständig über mögliche Therapien forschen oder medizinische Fakten über eine bestimmte Krankheit nachlesen. [11]

All dies führt dazu, dass die Pflege im Krankenhaus verbessert werden kann. Einerseits hat das Personal mehr Zeit für die Pflege, da gewisse Abläufe wie z.B. die morgendliche Visite deutlich zügiger ablaufen können, andererseits können sich die Patienten selbstständig informieren und sind nicht mehr so sehr auf gestresste Pflegekräfte angewiesen, die aufgrund ihres Arbeitspensums oft nicht in der Lage sind umfassende Informationen zu geben. Der bisherige Erfolg gibt dem Projekt recht. Seit April 2005 hat deswegen die RFID - Technologie auch im Klinikum Saarbrücken Einzug gehalten. Man wird sehen, ob das bisherige Verfahren auch mit größeren Institutionen zurecht kommt, denn hier werden 1000 Personen teilnehmen und in New York waren es lediglich 200.[12] Man wird auch sehen müssen was für sicherheitstechnische und datenschutzrelevante Aspekte berücksichtigt werden müssen. Trotz Verschlüsselungstechnik und hoher Standards bergen Technologien wie WLAN oder eine totale Digitalisierung aller krankheitsrelevanten Werte gewisse Gefahren, die insbesondere im Gesundheitsbereich aufgrund der Sensibilität und Intimität der Daten ernst genommen werden müssen. Auf dieses Thema wird in Kapitel 3 noch näher eingegangen.

2.4 Smartshirt System

Das Smartshirt wird von dem Unternehmen Sensatex angeboten. Der Prototyp entstand nach langjähriger Entwicklungs- und Forschungsarbeit am Georgia Institute of Technology und trug den Namen „Wearable Motherboard". Nach einer Überarbeitung des Designs wird es nun als Smartshirt kommerziell vermarktet. Es handelt sich hierbei um ein Gerät das dem Forschungsgebiet des „Wearable Computing", frei übersetzt mit „anziehbare Computer", zugeordnet werden kann. Man kann sich streiten, ob es sich um ein Gerät handelt, das in ein Kleidungsstück integriert ist oder ob es sich um ein Kleidungsstück handelt, das einen Computer beinhaltet. Auf jeden Fall ist es ein Kleidungsstück, im Falle des Smartshirts ist es ein T-Shirt, das von Menschen getragen werden kann und es ist nicht unbedingt offensichtlich, dass es sich um kein gewöhnliches T-Shirt handelt.

Während des Tragens des Smartshirts (Abbildung 3) werden die vitalen Parameter des Trägers durch Sensoren wahrgenommen, das sind z.B. Körpertemperatur, Pulsschlag, Atmung oder Transpirationsgrad. Die ermittelten Daten können in einer kleinen Box an der Unterseite des Shirts gespeichert werden und z.B. später per Bluetooth auf ein Anzeigegerät übertragen werden. Sie können aber auch mit WLAN oder dem Handymodem an den zentralen Sensatex-Server verschickt werden. Die Sensoren sind in ein Netz aus eingewebten elektro-optischen Fasern integriert, vergleichbar mit einer Art Plug-and-Play-Bus. Durch diese Tatsache können beliebige Sensoren mit wenig Mühe hinzugefügt werden und das Einsatzgebiet des Smartshirts gestaltet sich als sehr weit. [13]

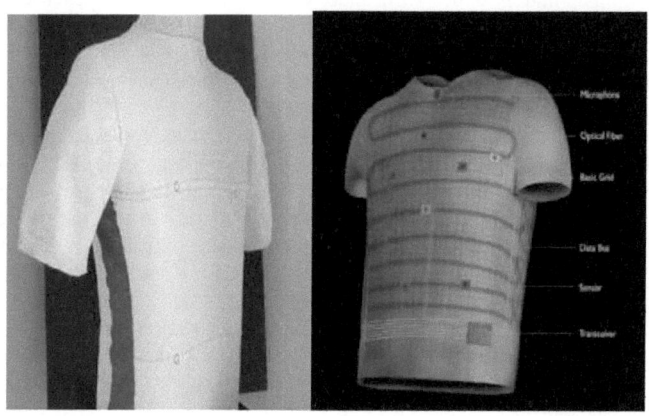

Abbildung 3. Smartshirt von der Firma Sensatex. Quelle [13]

Es wäre z.B. denkbar Smartshirts bei Sondereinsatzkommandos oder Elitetruppen einzusetzen. Jederzeit könnte überprüft werden, ob die Vitalfunktionen aller Mitglieder aktiv sind oder sich im normalen Bereich befinden. Insbesondere wenn der Betroffene nicht mehr in der Lage ist einen Notruf abzusetzen, z.B. bei Bewusstlosigkeit, macht es Sinn ein automatisches Überwachungssystem zu haben. Eine ähnliche Situation finden wir bei der Feuerwehr bei Großbränden vor. Es kann mit einem Smartshirt unter dem Overall ständig die Temperatur gemessen werden oder die Atmungsaktivität, um einer Rauchvergiftung vorzubeugen. In jeglichen Situationen also, in denen kein direkter Blickkontakt mehr zu den Einsatzkräften möglich ist, sei es durch Rauch, Gebäude oder sonstiges, ist der Einsatz von intelligenter Kleidung sinnvoll, denn sie sendet trotzdem die lebensnotwendigen Daten.

Es gibt außer den bereits genannten Anwendungsgebieten einen großen Personenkreis, der eine sinnvolle Verwendung für das Smartshirt hat. Das reicht von beispielsweise Astronauten, deren Gesundheitswerte ständig von der Erde aus überwacht werden müssen, über chronisch Kranke oder ältere Menschen, die sich somit eine stationäre Überwachung ersparen können, bis hin zu Hochleistungssportler, die sich damit vor Überanstrengungen schützen wollen. [14]

Nach diesen durchweg positiven Gesichtspunkten mag man sich fragen, warum der Computer als Wearable bisher noch nicht weiter verbreitet ist, bzw. warum er noch nicht Einzug in unser tägliches Leben gehalten hat. Ich will an dieser Stelle lediglich ein paar Punkte herausgreifen, da es nicht möglich ist im Rahmen dieser Arbeit auf die Unmenge von ungelösten Problemen einzugehen.

Ein erster Punkt wäre die Frage nach einer idealen Systemarchitektur, welche eine optimale Ressourcenverwaltung bietet. Die Ressourcen müssen so auf die verschiedenen Rechenprozesse verteilt werden, dass das Wearable möglichst effizient und sparsam arbeiten kann, da eine Betriebsdauer von mehreren Tagen wünschenswert ist und große schwere Akkus gegen den Komfortgedanken von Wearable Computing sprechen. Weiter werden die Menschen an intelligente Kleidung die gleichen Ansprüche bezüglich Waschbarkeit und Resistenz haben wie an gewöhnliche Kleidung. Unter Umständen sogar noch höhere, denn die erhöhte Komplexität des Stoffes bringt mit Sicherheit einen höheren Preis mit sich. Die wohl wichtigste Frage ist jedoch: Wie erreiche ich Kontext-Sensitivität? Unter kontext-sensitiv versteht man in diesem Zusammenhang ein System, welches sowohl Informationen aus der Umwelt als auch Informationen vom Benutzer selbst berücksichtigt. Und dies ist eben nicht so einfach in Einklang zu bringen. [15]

Trotz dieser und einiger anderer Schwierigkeiten ist der Bereich des Wearable Computings ein Wachstumsmarkt. Seit dem Jahr 2001 sind die Umsätze der Zulifererindustrie von 70 Millionen US Dollar auf prognostizierte 563 Millionen US Dollar im Jahr 2006 gestiegen. Dies würde einer Wachstumsrate von über 51 Prozent entsprechen. [16]

2.5 Aware Home

Es scheint wie ein Traum zu sein, in einem Haus zu leben, das sich dessen bewusst ist, dass man darin wohnt. Dieser Traum ist längst Realität geworden. Das Georgia Institute of Technology errichtete im Jahr 2000 unweit des Campus ein Zwei-Familienhaus mit 469 Quadratmeter Wohnfläche. Nach Abbildung 4 könnte man vermuten, dass es sich um ein gewöhnliches Haus handelt von dem es noch zahlreiche Doppelgänger gibt. Doch es hat keinen einzigen, denn dieses Haus ist etwas ganz besonderes. Es trägt den Namen „Aware Home" und kann mit „bewusstes Haus" oder „wissendes Haus" übersetzt werden. Und in der Tat weiß es wirklich ziemlich viel. Zum Beispiel weiß es wann man schläft oder ob man Besuch bekommen hat, gewollten oder ungewollten, bei letzterem würde das Haus automatisch die Polizei verständigen. Sollte man mal etwas verloren haben wird sich das Haus darum kümmern und es wiederfinden oder es kann sich an Termine erinnern, die man aus Versehen vergessen hat. Die Liste ist lang und reicht von selbständig geführten Telefongesprächen bis zur Überwachung der Medikation von Patienten. [17]

Abbildung 4. Aware Home des Georgia Institute of technology. Quelle [18]

Das Haus ist gefüllt mit modernster Technik und unzähligen Sensoren, die jede noch so kleine Veränderung registrieren und entsprechend darauf reagieren. Während der Arbeit und Forschung an dem Aware Home haben sich verschiedene weiterführende Projekte herauskristallisiert. Beispielsweise das Projekt „MediaCup", in dessen Mittelpunkt eine Kaffeetasse steht, die durch einen Minicomputer im Unterboden ständig über die aktuelle Füllmenge informiert ist und bei Bedarf automatisch die Kaffeemaschine starten lässt. Für das Thema dieser Arbeit ist jedoch folgendes Projekt viel interessanter: „CareNet Display". Es soll älteren Menschen, die unter normalen Bedingungen nicht mehr selbstständig wohnen könnten, helfen den Alltag mit einem Überwachungssystem zu meistern und dadurch länger in ihrer gewohnten Umgebung zu leben. Dazu gehört eine Kontrolle aller möglicherweise gefährlich werdenden Gegenstände im Haus, z.B. ein angelassener Herd oder ein leckgeschlagener Gasofen. Im Vordergrund steht die Begutachtung des Pflegebedürftigen selbst und die Überwachung seines Handelns. Hat er die nötigen Mahlzeiten zu sich genommen? Ist er gestürzt oder gab es sonstige Vorfälle? Wurden die vorgeschriebenen Medikationen eingehalten? Welche Aktivitäten hat er unternommen? All das sind Fragen, die für den Pfleger interessant sind. Durch das „CareNet Display" erhält er darauf die Antworten ohne räumlich beim Pflegebedürftigen anwesend zu sein.

Abbildung 5 ist ein „CareNet Display". In der Mitte ist ein Foto der zu betreuenden Person zu sehen. Rundherum sind die Statusanzeigen platziert. Rechts sind Informationen über Mahlzeiten, links befinden sich alle Angaben zur Medikation und oben und unten gibt das Display Auskunft über die Aktivitäten und besondere Vorkommnisse. Bei Symbolen, die rot eingefärbt sind, ist der Pfleger angehalten besonders achtsam zu sein. Darüber hinaus besteht die Möglichkeit über Instant Messaging oder Sprachnachrichten in Kontakt zu treten.

Nach einer Testnutzung waren die Eindrücke von Pflegepersonal sowie Teilnehmern positiv. Alle würden Gebrauch von dem „CareNet Display" machen und es sich vielleicht sogar kaufen. Auch wenn so ein System bei seiner Kommerzialisierung

sicherlich einen stolzen Preis hätte, könnte es sich für viele ältere und pflegebedürfti-
ge Menschen lohnen, insbesondere wenn dadurch ein dauerhafter und kostspieliger
Aufenthalt im Alten- oder Pflegeheim verhindert werden könnte. [19]

Abbildung 5. CareNet Display. Quelle [19]

3 Anforderungen an Datensicherheit und Datenschutz

Im ersten Teil dieser Arbeit wurden einige Geräte vorgestellt, die meist durchweg
positive Eigenschaften besitzen. Sie sind hochtechnologisch und geben einen Einblick
darin wie die Entwicklung des Gesundheitswesens für jeden einzelnen in Zukunft
aussehen könnte. Trotz einer beängstigenden demographischen Entwicklung der Gesellschaft in den Industrieländern und einer großen Angespanntheit im Gesundheits-
und Pflegesektor, schüren sie Hoffnung, den Alltag im Alter mit klugen technischen
Geräten zu meistern. Die Kehrseite der Medaille ist die Geschwindigkeit mit der die
Entwicklung voranschreitet, zumindest bezogen auf den sicherheits- und datenschutz-
rechtlichen Aspekt. Insbesondere in den letzten fünf Jahren war die Geschwindigkeit
bei der Ortungstechnik, der Datenübertragung und bei der Bildererkennung so groß,
dass die Dienste, die dadurch möglich wurden, nicht mehr genügend anhand obiger
Aspekte überprüft werden konnten. Passend zu dem Thema dieser Arbeit stehen die
Techniken der Mobilkommunikation im Vordergrund. Die ermöglichten Lokalisie-
rungsdienste sind eben nicht nur Komfortsteigerung, sondern erlauben auch eine

umfassende Überwachung von Aufenthaltsorten und Bewegungen von Personen. Will man sich gegen ungewollte Überwachung schützen ist es leider so, dass die dafür notwendigen Instrumente der rasanten Entwicklung hinterherhinken.

Gerade dann, wenn man sich gar nicht mehr darüber im klaren ist, dass man es mit einem Computer zu tun hat. Die neuartigen Trends in der Informatik werden dann als „pervasive computing", „ubiquitous computing" oder „ambient intelligence" bezeichnet. Sie haben alle eines gemeinsam: Die Miniaturisierung der IT - Systeme. Durch immer leistungsfähigere Prozessoren, Speicher und Sensoren ist es möglich sie in ihrer Größe so zu reduzieren, dass sie in Alltagsgegenstände integriert werden können. [20]

Nehmen wir das Beispiel aus Abschnitt 2.3. Im Jacobi Medical Center in New York ist das Projekt mit RFID - Armbändern Realität geworden. Es ist kaum vorstellbar, dass alle Patienten wirklich wissen, was sie dort am Handgelenk tragen. Einerseits hat kein Personal die Zeit über die grundlegenden Basisinformationen hinaus Informationen über Technologie und Funktionsweise zu geben, andererseits ist der Wille des Patienten, die Neuheit abzulehnen eher gering, da er krank und hilfebedürftig ist. Laut des Tätigkeitsberichtes des Datenschutzbeauftragten müssen technische Systeme transparent sein und das Selbstbestimmungsrecht des Betroffenen wahren. Hinsichtlich dessen wäre das Armband eher als kritisch einzustufen.

Generell wichtig bei vollständig elektronisch angelegten Patientenakten ist die Trennung von krankheitsrelevanten Daten und persönlichen Daten, wenn die Daten nach einer abgeschlossenen Behandlung für andere Zwecke benötigt werden. Beispiele wären Datenerhebungen für Krankheitsstatistiken oder Untersuchungen von typischen Krankheitsverläufen. In diesen Fällen sind die Personen, die hinter den Krankheiten stehen, nicht von Bedeutung und müssen stets ausgeblendet sein.

Eine zunehmende Vernetzung von Patientendaten über zentrale Datenbanken birgt die Gefahr der Vernachlässigung der ärztlichen Schweigepflicht. Eine Offenbarung der Daten kann sich durch eine gesetzliche Regelung ergeben, z.B. müssen aufgrund des Infektionsschutzgesetzes Ärzte gewisse Infektionskrankheiten melden, oder eben durch eine Einwilligung der Patienten. Oft wird vergessen, dass Ärzte anderen Ärzten gegenüber grundsätzlich dieselbe Schweigepflicht zu wahren haben. Die Einfachheit über Patientendatenbanken an fremde Patientendaten zu kommen ist durch die Digitalisierung meist eine kurze Computerarbeit, insbesondere dann wenn man als Oberarzt quasi „Administratorrechte" besitzt.

Um die Vorteile vernetzter Patientendatenbanken nutzen zu können müssen also grundlegende Konzepte ausgearbeitet werden, die für Forschungsabteilungen wie auch für Kliniken anwendbar sind und die persönlichen Rechte der Patienten berücksichtigen. Das Ziel der medizinischen Forschungsarbeit ist es klinische Studien über lange Zeiträume und mit möglichst vielen Patienten durchzuführen. Schwierigkeiten treten auf, wenn unterschiedliche Stellen für die Datenerhebung verantwortlich sind und die Patientendaten nicht nur zu Forschungszecken benutzt werden, sondern zusätzlich in einem aktuellen Behandlungszusammenhang stehen. Eine Lösung bietet die *Telematikplattform für Medizinische Forschungssysteme* (TMF), die eine öffentlich geförderte Interessensgemeinschaft darstellt und mit medizinischen Forschungsverbänden und Kliniken zusammenarbeitet. Ihr Konzept zielt darauf ab, eine Identifikation von Personen zu verhindern und die Mittel der Pseudonymisierung auszuschöpfen. Eine Gratwanderung, denn um qualitativ hochwertige Datenpools

aufzubauen, muss es eine Möglichkeit geben, die Daten auf Richtigkeit und Vollstän-
digkeit zu überprüfen. Außerdem kann eine Studie Ergebnisse hervorrufen, die für die
Gesundheit der teilnehmenden Patienten enorm wichtig ist. In so einem Fall muss die
Möglichkeit bestehen Forschungsergebnisse auf die abgegebenen Daten einzelner
Personen zurückführen zu können.

Die vorgeschlagene Struktur des Datenbankmodells unterscheidet klinisch fokussierte und wissenschaftlich fokussierte Forschungsnetze. In das klinische Forschungsnetz gelangen die Daten hauptsächlich durch Ärzte und ihre Mitarbeiter während in
das wissenschaftlich fokussierte Daten von Wissenschaftlern erhoben wurden. In
ersterem stammen die Information direkt aus dem klinischen Behandlungsprozess.
Das wissenschaftlich fokussierte Forschungsnetz enthält Informationen, die unabhän-
gig von einem Behandlungsprozess erhoben wurden.

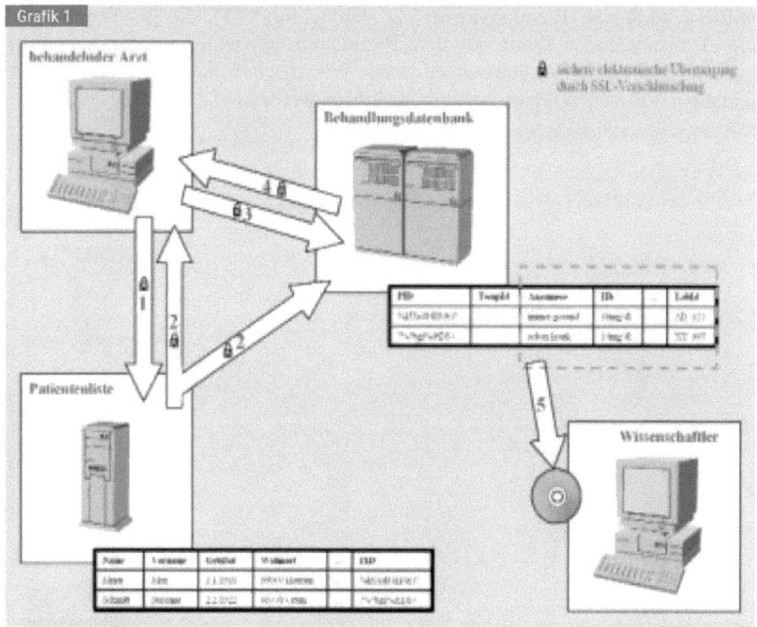

Abbildung 6. Datenfluss für klinisch fokussierte Forschungsnetze. Quelle [21]

Beim klinisch fokussierten Netz in Abbildung 6 besteht der datenschutzrechtlich
prekäre Aspekt darin, dass Ärzte bei einem Zugriff auf die Datenbank auch die Patientendaten benötigen, um überhaupt behandeln zu können. Der Aufbau sieht zwei
räumlich und organisatorisch voneinder getrennte Datenbanken vor, die nach identifizierenden Patientendaten und Behandlungsdaten aufgeteilt sind. Hat sich der Arzt
erfolgreich authentifizieren können und den Patienten identifiziert (1), bekommt er

eine zufällige temporäre Identifikationsnummer (ID) zugeteilt (2), die von der Patientendatenbank gleichzeitig an die Behandlungsdatenbank geschickt wird(2). Mit dieser temporären ID kann er dann die Behandlungsdaten online abrufen (3). Da die temporäre ID nicht in der Patientendatenbank gespeichert ist, sondern nur in der Behandlungsdatenbank, ist gewährleistet, dass nur der Arzt Patientendaten und Behandlungsdaten zusammen erhalten kann. Wissenschaftler können aus klinisch fokussierten Forschungsnetzen nur Behandlungsdaten abrufen (5), die Patientenliste ist für sie gesperrt.

Beim wissenschaftlich fokussierten Netz ist eine lückenlose Qualitätskontrolle der erhobenen Daten sehr wichtig. Andererseits dürfen identifizierende Patientendaten nicht eingesehen werden. Das Modell in Abbildung 7 soll den Datenfluss verdeutlichen. Nach der Datenerfassung (1) erfolgt eine Qualitätssicherung bezüglich Vollständigkeit und Korrektheit durch die betreffenden Patienten selbst (2)(3). Nach deren Abschluss wird eine Pseudonymisierung durchgeführt (4), die gewährleistet, dass keine identifizierenden Daten aus dem Pseudonym gewonnen werden können. Erst danach werden die Behandlungsdaten in der Wissenschaftsdatenbank gespeichert (5) und können dort von Wissenschaftlern abgerufen werden (6). [21]

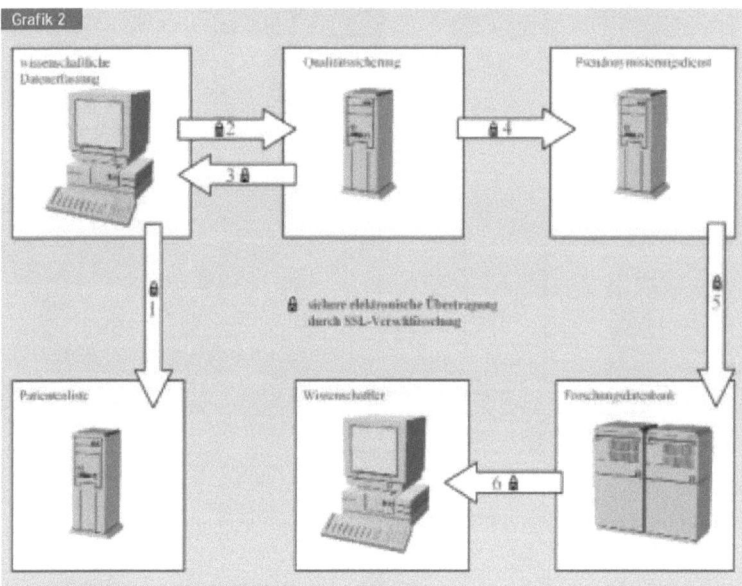

Abbildung 7. Datenfluss für wissenschaftlich fokussierte Forschungsnetze. [21]

Die in Abbildung 6 und Abbildung 7 vorgestellten Konzepte präsentieren sich als ziemlich komplex und offenbaren erst bei genauerem Studium ihre Funktionsweise.

Es zeigt aber, dass es durchaus Möglichkeiten gibt, die den Ansprüchen der Datensicherheit und des Datenschutzes in ausreichendem Maße gerecht werden. Auch wenn Datenmissbrauch wahrscheinlich nie ganz ausgeschlossen werden kann, kommt dieser Ansatz der Optimallösung recht nahe. In einem Bereich, in dem mit derart sensiblen Daten gearbeitet wird, ist jede noch so große Anstrengung in Richtung Sicherheit gerechtfertigt. Man darf nicht die gegenseitige Abhängigkeit zwischen Patienten, Ärzten und Wissenschaftlern vergessen. Ein Missbrauch käme einem Vertrauensbruch gleich, der im schlimmsten Fall das Ende einer aktiven Zusammenarbeit der drei Parteien und somit das Ende von medizinischen Forschungsnetzen bedeuten könnte.

4   Benutzerfreundlichkeit und Akzeptanz von Telemedizin

Der Markt der Telemedizin boomt. Doch gibt es immer wieder Kritiker die diese Entwicklung nicht gutheißen wollen. Mehr als die Patienten bremsen teilweise Ärzte den Trend. Meist aus finanziellen Gründen, denn Neuerungen kosten Geld und die Rentabilität ist für viele nicht ersichtlich. Im Gegenteil, manche fühlen sich in ihrer Existenz bedroht und sehen in den medizinischen Geräten eher einen Konkurrenten als eine Hilfe. Es scheint so, als ob es noch einiger Aufklärungsarbeit bedarf, bis eventuell falsche Vorurteile ausgeräumt sind. Das wohl hartnäckigste ist der Vorwurf, dass bald niemand mehr einen Arzt brauche, wenn alle Arbeit von intelligenten Geräten abgenommen werde. Dabei sehen viele nicht was sich für Chancen und neue Möglichkeiten bieten, nicht nur für Patienten sondern auch für Ärzte.
Eine der großen Stärken von mobilen medizinischen Anwendungen liegt in ihrer Kooperationsfähigkeit. Die Leistungsfähigkeit der Ärzte könnte sich erheblich verbessern, da einfach und schnell sachkundiger Rat konsultiert werden könnte. Ärzte könnten so ihr Behandlungsangebot vergrößern oder selbst als Teleberater Kollegen in medizinischen Fachfragen zur Seite stehen. Eine neue Art des Arztdaseins wäre möglich, nämlich die eines modernen Dienstleisters, der versucht ein möglichst gutes Angebot zu präsentieren. Auch wenn das komisch klingt, kommt es der Realität doch sehr nahe. Denn die Ärzte werden früher oder später die Betreiber dieser telemedizinischen Systeme sein. Bereits oben genannte Vorurteile sollten so schnell wie möglich ausgeräumt werden, denn die Patienten können nur von neuen Technologien und frei werdenden Ressourcen profitieren, wenn die Ärzte sich darauf einlassen. Um dies zu erreichen, ist eine übersichtliche und gut verständliche Benutzbarkeit der Geräte unabdingbar. Benutzerfreundlichkeit gepaart mit Zuverlässigkeit dürfte etwaige Zweifel beseitigen. Nach einer Studie des Instituts für Telematik in Trier benutzten 2002 gerade mal ein Drittel der Kliniken die bereits vorhandenen Geräte. Obwohl ein Gerät zur schnellen Übermittlung von medizinischen Aufnahmen existierte, wurden für die Übertragung von Röntgen- oder Ultraschallbildern sogar Boten eingesetzt, die die Bilder von Spezialist zu Spezialist transportierten. Der Grund ist meist eine fehlende Ausbildung des Fachpersonals an dem Gerät oder das unerschütterliche Vertrauen in alte scheinbar hundertprozentig sichere Verfahren. [22]
Ein weiterer Ansporn ein gutes und übersichtliches Design für die Geräte zu kreieren. Zumal dadurch Fehler vermieden werden können, die im Gesundheitsbereich oft nicht

ohne Folgen bleiben. Außerdem sollte man verstärkt auf die Marktreife achten. Unausgereifte Prototypen verunsichern Ärzte und Patienten gleichermaßen.

5 Zusammenfassung

In der Einleitung gab ich bereits einige Gründe an warum „Mobile Health" aufgrund unserer Gesellschaftsstruktur in Zukunft von enormer Bedeutung sein könnte. Ich ging dabei insbesondere auf die problematische demographische Entwicklung und die daraus resultierende Notwendigkeit von neuen Denkansätzen und Technologien ein. Nachdem einige der vorgestellten Geräte bereits eine breite Anwendung finden und die schwierig einzuhaltenden Aspekte wie Datenschutz und Datensicherheit realisierbar scheinen, ist damit zu rechnen, dass Endgeräte rund um „Mobile Health" und Telemedizin weiterhin an Bedeutung zunehmen werden. Die treibende Kraft wird das große Einsparpotential und die gleichzeitige Verbesserung der medizinischen Betreuung sein. In Zeiten wachsender Schuldenberge und erhöhtem Pflegebedarf wird man an einer Automatisierung zahlreicher Vorgänge in Krankenhäusern, Pflegestationen und Arztpraxen nicht vorbeikommen. Für viele Menschen, die ausschließlich eine persönliche Betreuung gewohnt sind, wird sich in Zukunft noch viel mehr ändern als es bisher schon der Fall ist. Wie in Kapitel 4 bereits angesprochen ist es diesbezüglich sehr wichtig, dass jeder die Möglichkeit hat mit der Entwicklung Schritt zu halten und die verwendeten Systeme zumindest in ihrer Anwendung zu verstehen. Dies ist auch ein Aufruf an jegliches medizinisches Fachpersonal sich mit den Neuerungen auseinander zusetzen, da sie unter anderem die Funktion haben werden, die Akzeptanz in der Bevölkerung zu schaffen. Gelingt dies nicht wird sich die durch gesetzliche und private Krankenkassen angedeutete „Zwei-Klassen-Medizin" weiter verstärken.

Literatur

1. Vgl. Seising R., "Frühe Visionen der Telemedizin: Technische Möglichkeiten und gesellschaftliche Wirklichkeit", Medizinische Fakultät, Universität Wien.
2. Vgl. Medizin Aspekte, „Mobile Telemedizin – auf Standby mit dem Arzt", Jahrgang 3 – Ausgabe November 2004, unter: http://www.medizin-aspekte.de/index.htm?/1104/aktuelles/telemedizin.html (09.06.2005)
3. Vgl. Lüst C., „Soziale Menschenrechte in Deutschland – Menschenrechtsverletzungen in Altenpflegeheimen", 2001 unter: http://www.verhungern-im-heim.de/Deutsch/Parallelbericht/parallelbericht.html (09.06.2005)
4. Vgl. TMS Telemedizinische Systeme GMBH (Herstellerseite), „Das Tele-EKG-Gerät `sensor mobile` sm 100", unter: http://www.telemedsys.de/de/produkte_sm100.html (09.06.2005)
5. Kundenflyer „sensor mobile" – das Tele-EKG-Gerät unter: http://www.telemedsys.de/de/downloads.html (26.06.2005)
6. Vgl. Jäkle T., "EKG mit dem Handy", 2003, unter: http://www.diepresse.at/Artikel.aspx?channel=h&ressort=hm&id=381924&archiv=false (12.06.2005)
7. Statistisches Bundesamt, „Todesursachen in Deutschland (2003)", erschienen am 07.03.2005.
8. Vgl. Medtronic- Physio Control, „Lifepak12 – Defibrillator / Monitor - System", unter: http://www.lifepak.de/produkte/lp12.pdf (12.06.2005)
9. Vgl. Pressemitteilung, „Schnelle Hilfe bei Herzinfarkt durch Telemedizin mit Lifepak12", 2001 unter: http://www.drk-spremberg.de/medtronic_presse.htm (12.06.2005)
10. RFID Journal, Case Studies unter: http://www.rfidjournal.com/article/archive/4/ (26.06.2005)
11. Vgl. Siemens Business Services, "Hospital Gains Efficiency with Innovative RFID Pilot", Case Study: Jacobi Medical Center, 2004, unter: http://www.sbs-usa.siemens.com/press/docs/jacobimedical-casestudy.pdf (26.06.2005)
12. Vgl. v. Bruch A, „RFID erstmalig im deutschen Krankenhaus...", 2005 unter: http://www.siemens.com/index.jsp?sdc_p=t2c61z4s2u2o1263422pfl0mi1171820&sdc_sid=14972537547&sdc_bcpath=247770.s_2,1062582.s_2,1171820.s_2,&&sdc_sectionid=5&sdc_flags=0 besucht am 12.06.2005
13. Vgl. Sensatex Herstellerseite , unter: www.sensatex.com , (12.06.2005)
14. Vgl. Georgia Tech Wearable Motherboard, „How to Use the Smart Shirt", unter: http://www.gtwm.gatech.edu/ (12.06.2005)
15. Vgl. Junker H., Lukowicz P., Tröster G., „Wearable Computing: Vernetzung am Körper, mit dem Körper".
16. Vgl. Lawo M., "wearIT@work Computer zum Anziehen" , TZI aktuell/ Ausgabe 3/2004, Bremen
17. Vgl. Shalit R., "Home, Smart Home", 2001, unter: http://www.cooltown.com/cooltown/mpulse/0901-smarthome.asp (12.06.2005)
18. Kimberly Rieck, "Home sweet Aware Home" in newspaper "Technique-The South`s Liveliest College Newspaper" unter: http://new.nique.net/issues/2003-04-18/focus/2 (26.06.2005)
19. Vgl. Intel Research Seattle, "The CareNetDisplay", unter: http://seattleweb.intel-research.net/projects/cscc/display.html (12.06.2005)
20. Vgl. Schaar P., „Tätigkeitsbericht des Bundesdatenschutzbeauftragten (2003 - 2004)" unter: http://www.bfd.bund.de/information/20tb_broschuere.pdf besucht am 12.06.2005
21. Vgl. Reng C-M., Debold P., Adelhard K., Pommerening K., „Akzeptiertes Datenschutzkonzept", Deutsches Ärzteblatt, 2003, Jg. 100, Heft 33

22. Vgl. Hoffmann D., „Telemedizin-Netz kostet 700 Mio. Euro", 2002 unter:
http://www.social-software.de/news/details.php?news_id=40 (12.06.2005)